农民实用丛书

丛书主编 沈谦芳 林学勤
副主编 沈庆中

农民在生产经营方面的权益保护

邹国华 陈元庆 / 著

邹凡 / 修订

江西人民出版社

图书在版编目(CIP)数据

农民在生产经营方面的权益保护/邹国华 陈元庆著、邹凡修订.
—南昌:江西人民出版社,2000.8(2010年3月重版)
(农民实用丛书/沈谦芳、林学勤主编)
ISBN 978-7-210-02307-4

Ⅰ.农... Ⅱ.①邹...②陈... Ⅲ.农业经济-经济管理-经济法-中国-问答 Ⅳ.D922.45-44

中国版本图书馆CIP数据核字(2000)第43965号

农民在生产经营方面的权益保护

邹国华 陈元庆著 邹凡修订

江西人民出版社出版发行

江西新华印刷集团有限公司印刷 新华书店经销
2010年3月第2版 2013年4月第4次印刷
开本:787毫米×1092毫米 1/32 印张:2.5 字数:40千
ISBN 978-7-210-02307-4 定价:6.00元

江西人民出版社 地址:南昌市三经路47号附1号
邮政编码:330006 传真电话:86898827 电话:86898893(发行部)
网址:www.jxpph.com
E-mail:jxpph@tom.com web@jxpph.com
(赣人版图书凡属印刷、装订错误,请随时向承印厂调换)

目录

1. 本村的土地,外村人能否承包经营?／1
2. 农村承包经营户的债务怎样清偿?／2
3. 承包户因受灾减产或绝收怎么办?／3
4. 承包方不能随意改变土地用途／4
5. 承包人弃耕抛荒,发包人有权终止合同／5
6. 荒滩变果园,谁享使用权?／6
7. 村委会不能侵害承包人的承包经营权／7
8. 村民小组强行解除未到期的合同无理／8
9. 嫁出去的女并非泼出去的水／10
10. 土地承包经营权可以转让吗?／11
11. 承包经营权转让后,违约责任由谁

担?/12
12. 共同承包人擅自退出承包,造成损失应承担赔偿责任/13
13. 土地征用致承包合同解除,承包人依法应获适当补偿/14
14. 村民小组越权发包有过错,承包人大量投入应保护/15
15. 村主任违背民意和承包人签订的终止承包合同协议有效吗?/16
16. 夫妻离婚时,对家庭责任田该如何处理?/18
17. 欠钱超过两年就可以不还吗?/19
18. 超过诉讼时效期间在催款单上签名,债权债务关系仍受保护/20
19. 未约定利息的借款到期未还,出借人可索要利息/21

20. "高利贷"不受法律保护 / 22
21. 利息计算不能"滚雪球" / 23
22. 债务转移须经债权人同意 / 25
23. 丙欠乙款,乙欠甲款,甲可以直接要求丙偿还吗? / 26
24. 欠债应归还,讨债须合法 / 27
25. 为他人借钱担保要承担责任 / 29
26. 保证人还款后,可行使求偿权 / 30
27. 债权人未行使权利,担保人免除责任 / 31
28. 未经存单持有人同意的质押贷款无效 / 32
29. 供方违约应双倍返还定金 / 33
30. 货主拒付运费,车主可扣货 / 34
31. 强迫交易构成犯罪 / 36
32. 出卖村部损害集体利益,行为自始

没有法律效力/37
33. 超越代理权限要承担法律责任/38
34. 卖鞭炮当心"炸"出官司/40
35. 断电不通知,损失要赔偿/40
36. 收了停车费,当赔车辆被盗损失/43
37. 未满16岁的人可以参与合伙吗?/43
38. 只有口头协议,合伙关系成立吗?/44
39. 入伙须经全体合伙人同意/45
40. 入伙的新合伙人对入伙前合伙企业的债务应否承担责任?/47
41. 合伙债务不能约定只由一人承担/48
42. 合伙人清偿合伙债务后,可以向其

他合伙人追偿/49
43. 父子合伙也应订合同/50
44. 垃圾污染造成水稻减产要赔/52
45. 噪声污染致人危害要承担赔偿责任/53
46. 自家地上挖沟排水损害邻居要赔/54
47. 灌溉,别侵犯了相邻权/55
48. 麦田施药,殃及瓜苗要赔偿/56
49. 投保车辆改变用途,保险公司不负责任/57
50. 保险期内擅自转让车辆,发生事故保险人可拒赔/58
51. 村委会擅自取消动力电使用权违法/60
52. 哄抢他人承包的鱼塘里的鱼构成犯

罪/61

53.私拉电线捕鱼触犯刑法/62

54.未办照的车辆出险也应赔偿/63

55.雇请司机驾车造成损失谁来赔?/64

56.买卖汽车不过户,肇事责任都要负/65

57.无证承建房屋,出了事故谁负责?/66

58.建筑施工中砸伤行人要承担什么责任?/67

59.无偿帮忙受损伤,受益人应当补偿/69

60.施工被高压电击伤,责任由谁承担?/70

1. 本村的土地，外村人能否承包经营？

2004年10月，刘家村委会在进行土地发包过程中，当时任村主任的刘远在没有召开村民会议征得大家同意的情况下，与外村的唐林签订了一份《农田承包合同》，将本村20亩农田发包给唐林耕种4年，由唐林每年向村委会交纳承包费15000元。两个月后换届选举，刘远落选，由刘鹏当选村主任。新当选的村主任上任后，发现有20亩农田发包给了外村人唐林，便广泛征求村民意见，结果一半以上的村民明确反对将20亩农田发包给外村人耕种，要求解除该承包合同，改将该农田发包给本村村民。那么，村委会与唐林签订的农田承包合同是否可以解除呢？

根据我国法律规定，一般情况下，承包的农户应是本集体经济组织辖区范围内有劳动能力的农户。但是，有一种例外情况。根据《中华人民共和国土地管理法》和《中华人民共和国农村土地承包法》的规定，经本村村民会议三分之二以上成员或三分之二以上村民代表同意，并报乡(镇)人民政府批准，本村集体所有的土地可以由本集体经济组织以外的单位或个人承包经营，即符合条件的外村人也可以参加承包经营。

本案中唐林是外村人，而村委会与其签订合同又没有经村民会议三分之二以上成员或三分之二以上村民代表同意并报乡(镇)人民政府批准,因此该承包合同是无效的。既然合同无效,则村委会可以依法请求人民法院确认合同无效,重新将该20亩农田发包给本村村民。

2. 农村承包经营户的债务怎样清偿?

鄢梅的丈夫在县棉纺厂上班,自己在家务农。丈夫每天下班回家居住,一直共同生活。1992年,鄢梅以自己的名义与村委会签订一份承包经营该村集体所有的碧山水库养鱼的合同,约定承包期为10年,每年上交2000元承包费。承包前几年,鄢梅勤喂鱼料,丈夫回来也经常到鱼塘帮忙干活,收入不错,并用承包鱼塘的收入买了彩电、冰箱等家用电器。1998年以来,鄢梅养的鱼大量中毒死亡,连续两年亏损严重,欠下村委会4000元承包费。这时鄢梅的丈夫搬进城里去住了,而鄢梅仍住在乡下,家里无财产偿债。村委会向鄢梅索债无望,便想要她丈夫要债。但合同又是鄢梅签的,村委会不知能否向她丈夫要求偿还债务。

鄢梅虽以个人名义与村集体签订承包鱼塘的合同,但实际上她的家庭才是真正的承包经营者,因为其整个家庭都参与了承包经营,经营收入也为家庭添置了财产。根据《最高人民法院关于贯彻执行〈中华人民共和国民事诉讼法〉若干问题的意见(试行)》第43

条的规定,在夫妻关系存续期间,一方从事个体经营或者承包经营的,其收入为夫妻共同财产,债务亦应以夫妻共有财产清偿。因此,鄢梅应以其家庭的财产来清偿这笔债务,鄢梅和其丈夫都应主动偿还这笔债务。

3. 承包户因受灾减产或绝收怎么办?

况根是一个勤劳能干又有胆识的人。1996年,他承包经营村集体40亩柑桔园,约定承包费为30000元,第五年开始每年交村集体2000元,承包期限20年。合同签订后,况根投入了大量的人力物力,柑桔苗也长势良好。但是,就在挂果的第二年,突然连续降了几天大雨,并出现冰冻,况根虽然采取了防寒措施,但眼看已结果的40亩柑桔树还是抵不住严寒,全部冻死。交纳承包金的期限到了,况根虽有投入却无收获,便要求村委会减少承包金,而村委会却要求严格按合同履行,双方各执己见,争执不下。那么,况根要求减少承包费的要求是否合法呢?

　　合同签订后,双方本应严格执行。但如果出现不可抗力使合同不能履行或不能完全履行时,可以变更或终止合同的履行。

　　冰冻是一种自然灾害,如果承包人虽经抵御仍不能避免损害的发生,则属于不可抗力,本案中况根并非经营不善,而是因为自然灾害导致绝收,致使合同不能履行,应该允许其减交、免交或缓交承包金。

4. 承包方不能随意改变土地用途

　　吕某承包经营村集体的2亩玉米地。因连续两年收成不佳,而见建房用砖的需求量大,吕某便于1998年在其承包经营的土地上建造了一座砖瓦窑。村民小组知道情况后,要求吕某停止破坏性经营,并恢复原状,否则就收回土地承包权。吕某则认为反正土地是他承包了,愿意经营什么就可以经营什么。

那么,村民小组的要求是否合理合法呢?

农民对承包经营的土地只享有使用权,即在法律和合同约定的范围内对于集体所有的或国家所有集体使用的土地享有占有、使用和收益的权利,而不享有处分权。承包人对土地的使用权必须在法律规定和合同约定的范围内正确行使,不得擅自改变土地用途,进行破坏性生产经营。

《中华人民共和国农村土地承包法》第17条规定,承包方必须承担下列义务:(1)维持土地的农业用途,不得用于非农建设;(2)依法合理利用土地,不得给土地造成永久伤害。吕某对承包地的破坏性经营显然违法。因此,村民小组可以要求吕某停止在承包土地上烧砖出售,否则可以依法向人民法院起诉,要求解除合同并赔偿因此而造成的损失。

5. 承包人弃耕抛荒,发包人有权终止合同

桃花村民小组村民王原承包经营了2亩耕地,因王原平时比较懒散,每年收成都不好。而刚成家的他,又想盖一幢新房,但一直苦于没有地基。1999年,王原将靠村边的一亩耕地弃耕抛荒,没有种上任何农作

物,以期以后能批准在这块土地上建房。

村民见这块好好的土地就这样荒掉,便纷纷向村民小组提意见。而村民小组却认为,这地由王原承包经营,只要他能按期交纳承包金就可以,至于种不种农作物是承包人自己的事,村里无权干涉。

那么,村集体对这种弃耕抛荒的行为真的无可奈何吗?

承包人浪费土地资源,损害集体和其他村民的利益,发包方有权收回土地。当事人请求终止承包合同的,人民法院应当允许。因此,桃花村民小组可以向法院起诉请求终止承包合同,法院会支持这一诉讼请求的。

6.荒滩变果园,谁享使用权?

1991年,独山村委会山下村民小组对位于本村的一块荒滩进行开发,栽种果树成功。第三年,山下村民小组将这块荒滩发包给本村村民继续栽种果树,取得良好经济效益。1999年独山村委会以对土地重新进行分配为由,将这块荒滩收归村委会所有,并将这块土地发包给其他人。山下村民小组和原承包人不服,遂向律师咨询该如何保护自己的合法权益。那么,村委会有权收回这块土地吗?

我国《农业法》第19条规定:"国家鼓励个人或集

体对荒水、荒地、荒滩进行承包开发治理并保护承包人的合法权益。"1984年中央一号文件规定：根据国家或集体的安排，荒山、荒坡、荒滩种草、种树，谁种谁有，长期不变，可以继承，也可以折价转让。参照国家土地局《确定土地所有权和使用权的若干规定》第6条"开发利用国有土地，开发利用者依法享有土地使用权"的规定，荒滩开发经营者应享有使用权。山下村民小组自1991年以来开发并长期经营这块荒滩，取得了长期使用权，该使用权应受法律保护。承包者对荒滩上所种树木也依法享有所有权，对其收益可以自由处分。而村委会强行将这块荒滩收回并发包给其他人，侵犯了山下村民小组和原承包人的经营使用权和收益权。山下村民小组和原承包人可以向法院起诉，要求村委会停止侵权，赔偿损失。

7. 村委会不能侵害承包人的承包经营权

某村委会与村民高异定于1998年元月签订了一份50亩碱地承包合同，约定承包期为20年，共上交承包费20万元。合同签订后，高异定投入了大量的人力物力，对承包地进行了改造，碱地渐变成高产地，并种上各种树木，所种桃树、桔树很快挂果。村委会无视承包合同，认为土地是集体的，可以随时收回，遂以提高承包指标、重新发包为由要求终止合同，收回土地。

高异定坚决不依。后来村委会强行将高异定承包的果树砍倒8000余棵,直接经济损失达90000元。

高异定面对村委会的无理行为和自己遭受的重大损失,不知如何是好。

承包方碰到这种发包方单方毁约的情况,可以向法院起诉,依法保护自己的合法权益。高异定根据承包合同取得了该50亩碱地的使用权和收益权,其所种植的树木及应收获的果实的所有权是受法律保护的。而村委会无视高异定依据承包合同享有的合法权益,强行要求终止合同并砍掉树木,严重侵害了承包人的合法权益,是违约、违法的行为。法院在审理时,会依法维护原承包合同的法律效力。若承包方高异定要求继续履行合同,法院也会予以支持的。村委会因违约而侵害承包人合法权益已经造成的损失,应予以赔偿。若村委会无力赔偿,而高异定又要求继续履行合同,可以按赔偿数额抵除承包人应缴交的承包金额。

8. 村民小组强行解除未到期的合同无理

1986年,原新华大队第4生产队(现为新华村4组)响应党中央的号召,在全队开始实行农村家庭承包责任制,并向全队农民发放了农业经济责任制合同书,确定了每户农户承包耕地的面积及地块,规定承包者享有使用权,承包期为15年,并写明了各承包户有多少人。王明中当时全家四口人,在合同上写明承包面积为6亩,还约定不能调整承包期限。

从承包开始到1998年底,新华村4组的耕地面积没有什么变化,总人口增加了1人,各户人家人口增减不一,但王明中家人口数量没有发生变化。

1998年6月,新华村委会认为各户人口发生变化,便决定收回所有水田,重新发包。村委会主任多次召集全村村民开会,以按股抓阄的方式重新分配耕地。王明中认为承包期未满,不应重新分配,便没有参加会议,也没抓阄。其余农户均在新的承包协议上签了字并通过抓阄分到一股土地。剩下一股6亩水田(与其原承包的水田不同)归王明中。

王明中拒绝到新分田耕种,坚持要求到原承包田内耕作,遭到村委会制止。多次上访未果,王明中想到通过法律程序来解决,便向法院提起诉讼,要求法院支持他享有的原6亩水田的承包经营权的诉讼请求。

法院受案后经审理认为,王明中与村委会于1986年所签合同合法有效,王明中对其责任田的承包期应履行至2000年底止。村委会强行解除未到期的合同损害了王明中的合法权益,应予制止,王明中继续承包原6亩水田。

9. 嫁出去的女并非泼出去的水

杜梅是店下村村民,1993年结婚后,户口一直未迁移,仍在店下村,丈夫村里也没有分配责任田。1997年,店下村委会调整分配责任田时,将杜梅的1.5亩口粮田划给其他村民经营。1998年,乡政府征用了店下村土地100余亩(其中包括杜梅原承包的口粮田1.5亩),支付土地补偿费30万元。店下村委会商定每年均将所得土地补偿费的当年利息,按口粮田的份额予以分配。杜梅一直没享有这一村民待遇,便向法院提起诉讼。

法院经审理认为,男女享有同等的承包经营责任田的权利,村委会强行将杜梅的责任田收回,转让给他人承包经营,侵犯了杜梅的合法权益,应予赔偿,杜梅应和其他村民一样,参予土地补偿费的分配。

妇女与男子有同等的权利,不得侵害妇女的合法权益。杜梅作为农业户口,就应享有与男子一样的承包经营责任田的权利。《中华人民共和国农村土地承包法》第6条规定,农村土地承包,妇女与男子享有平等的权利,承包中应当保护妇女的合法权益,任何组织和个人不得剥夺、侵害妇女应当享有的土地承包经营权。第30条规定,承包期内,妇女结婚,新居住地未取得承包地的,发包方不得收回其原承包地。而本案中店下村委会擅自收回杜梅的责任田,是一种侵权行为。

10. 土地承包经营权可以转让吗?

金保因外出打工,便和金杰私下商量,将其承包经营的2亩责任田交由金杰耕种,并由金杰替其上交该2亩田的承包费。两人商议后,未告知村集体。后来金杰耕种不善,没有按期交纳承包费。村集体要求金保履行交纳承包费的义务,金保以将该田转由金杰耕种为由拒交,而金杰又以未与村集体签订承包合同为由不交承包费。

那么,村委会该要求谁交承包费呢?

金保将自己承包经营耕种的土地交给金杰耕种,由其代替自己向发包人村集体履行承包合同中交纳承包费的义务,这是对承包合同的转让。

《中华人民共和国农村土地承包法》第39条规定,承包方可以在一定期限内将部分或全部土地承包经营权转包或出租给第三方,承包方与发包方的承包关系不变。第41条规定,经发包方同意,可以将土地承包经营权转让给其他农户,由该农户同发包方确立新的承包关系。但金保将其土地承包经营权转让并未经发包方同意,所以他与村委会的原承包关系并未终止,他仍要承担原承包合同确定的交纳承包费的义务。

11. 承包经营权转让后,违约责任由谁担?

1997年寸生和村委会签订一份承包合同,约定由其承包村集体所有的矿山水库养鱼和水库旁的猪场养猪,承包期限为10年,承包金为第一年2000元,以后每年递增600元。1999年2月,寸生经过村委会同意,将猪场转包给同村村民寸洪经营,约定每年12月份以前由寸洪交纳1800元承包金给寸生。1999年年底,寸洪因猪场亏损没交承包金给寸生,而寸生1999年投放了大量鱼苗还未见效益,故也未交纳当年承包金给村委会。2000年,村委会向寸生、寸洪两人催交承包金,而寸洪则认为,他是和寸生签订转包合同,村委会无权向他催交。村委会催交未果,便将寸生告上法庭。而寸生则认为,寸洪拖欠承包金是其违约的主要原因,责任不应由他一人承担。那么,寸洪是否应承担责任呢?

依照法律规定,承包方经发包方同意,可以将承包经营权转让给第三人,原承包方与发包方在该土地上的承包关系即行终止,因此,寸生不用承担违约责任。

12. 共同承包人擅自退出承包,造成损失应承担赔偿责任

1997年林某和吴某两人共同承包本村委会开办的小煤窑,约定承包期为5年,每年上交承包金20000元。两人各出资50000元购置了一些设备(其中林某因懂开采技术,便以技术抵款10000元)进行采煤工作,由于管理不善、技术水平不高和市场不景气等原因,承包期间亏损严重。1999年,林某不想再参与承包了,未经吴某同意便中途退出承包,并将投入的资金抽回。吴某因不懂技术,加上资金缺乏,无力继续承包,从而造成更大损失。吴某便向法院起诉,要求林某承担共同承包期间的亏损并赔偿因为中途退

出承包所造成的损失。

那么,法院应当支持他的诉讼请求吗?

根据《民法通则》关于合伙问题的规定,各合伙人对合伙债务负无限连带责任。因此,对共同承包期间的债务和亏损,林某依法应当承担。

另外,林某与吴某共同承包时,吴某在一定程度上看重了林某的技术,并同意他以技术抵投资款10000元。而林某中途退出承包使其失去技术依靠,且资金周转困难,从而使其亏损状况加剧。根据法律规定,因共同承包人中途退出承包,给发包方或者其他承包人造成损失,发包方或者其他承包人要求给予赔偿的,人民法院应当予以支持。因此,对吴某的诉讼请求法院应予以支持。

13. 土地征用致承包合同解除,承包人依法应获适当补偿

1995年,农民谢小根承包经营本村民小组的一座占地8亩的荒山,约定承包期为10年。谢小根投入大量人力物力对荒山进行了改造,并种上了梨、桃等果树。2000年1月,因修高速公路,这座山被征用。该村同时被征用的还有良田20亩。村民小组因此获得18万元的补偿费。该村立即对土地进行调整,重新分配发包,并将5万元按人口补偿到各户。谢小根提出

对承包荒山的投入另外给予补偿,村民小组则认为已按人口进行了补偿,承包荒山的承包金也不用交,所以不应另外补偿。双方争执不下。

那么,村民小组是否应该对谢小根承包荒山的投入给予补偿呢?

双方因承包的土地被征用而使承包合同无法继续履行,不存在哪方违约的问题。但是承包人谢小根为改良土地花了大量人力物力,根据《民法通则》确定的公平原则,村民小组对此应给予补偿。根据《中华人民共和国土地承包法》第16条的规定,承包土地被依法征用、占用的,承包方有权依法获得相应的补偿。谢小根虽按人均获得一些补偿,但其单独改良荒山的实际投入是其他村民没有的,应另外获得适当补偿。

14. 村民小组越权发包有过错,承包人大量投入应保护

60年代,原新华人民公社组织劳力并出资修建了胜利水库,此后该水库一直由新华镇港林村委会管理或发包,并取得水面养殖使用证。1998年元月20日,村民王根保与港林村委会上林村民小组和下林村民小组签订一份胜利水库承包合同,合同约定由上林村民小组和下林村民小组将胜利水库发包给王根保养鱼,合同承包期为5年,总承包金为5000元,付款

期限为合同签订之日付1000元,余款每年元月20日付1000元。合同签订后,王根保即向上林和下林村民小组交付了第一期承包金1000元,并将3000尾鱼苗下放到水库中。不久,港林村委会得知此事,以上林和下林村民小组对水库没有产权为由,要求王根保停止承包。王根保觉得承包没有产权的水库合同是无效,但投入鱼苗的损失却无法挽回,不知如何是好。

根据法律规定,因为上林和下林村民小组对胜利水库没有产权,故其发包该水库是越权行为,该承包合同为无效合同。但是,为了保护承包人的合法权益,鉴于王根保已将3000尾鱼苗投入水库,港林村委会要求王根保停止承包的请求是不合理的,不会得到人民法院的支持。因此,王根保没有必要为此担心。但是,王根保应该和港林村委会及上林、下林村民小组一起协商,对合同内容进行调整,约定将承包金交给港林村委会,防止以后再发生纠纷。

15. 村主任违背民意和承包人签订的终止承包合同协议有效吗?

1998年初,某村委会经过村民会议讨论同意后,由村委会主任夏仁与邻村农民赖正签订了一份《农田承包合同》,将本村50亩农田发包给赖正,约定承包期为3年,每年交纳承包金8000元,并约定如果一方违约应向另一方支付违约金2000元。

赖正承包经营一年后,觉得粮价偏低,承包经营收益不大,便向村委会提出要求终止合同。经过村民会议讨论,这一请求未获同意。1999年底,赖正多次找到村主任夏仁要求终止合同,双方便签订了一份《终止承包合同协议书》,约定提前解除原承包合同。不久,村级换届选举时夏仁落选,因群众反映强烈,新当选的村主任便召开村民会议讨论此事,结果全村大多数村民明确反对终止合同。

村委会遂向法院提起诉讼,要求确认该终止承包合同的协议无效。法院会怎样判呢?

村委会经过村民会议讨论通过,与赖正签订的《农田承包合同》合法有效,应严格按承包合同履行;若要解除合同,须经村委会同意。村委会应按《村民委员会组织法》规定的民主议定原则,在村民会议上讨论或征求广大群众的意见,方能作出决定。而原村委会主任未经集体通过,即擅自与赖正签订《终止承包合同协议》,违背了《村民委员会组织法》,损害了村民的利益,依法应属无效的民事行为。

最后,法院依法判决该终止承包合同的协议无效。

16. 夫妻离婚时,对家庭责任田该如何处理?

张青青与丈夫李军结婚后承包经营了2亩责任田。他们婚后没有生育子女,后因双方感情不和,张青青起诉要求离婚。没有什么特长,不会搞副业只会种田的张青青还提出,家庭责任田她也应经营一亩,以维持生计。而李军则提出,家庭责任田承包人是李军,这种关系不能随便变更。双方争执不下。

那么,夫妻离婚时,可以对家庭责任田进行分割吗?

承包人对责任田享有使用、经营和收益的权利,因此,这是一种特殊的共同财产权。从承包关系上讲,根据所有权与使用权可以分离的原则,对责任田使用权的分割是对共同使用权人责任田经营权的内部调整,并未涉及发包方的利益,与发包方没有直接利害关系。因为夫妻双方都是实际承包人,所以将承包人的姓名改为另一共同承包人也是合法的。

许多农村妇女以农为本,没有其他专长,如果剥夺了其对责任田的使用和收益的权利,会使其失去生存的依靠,不符合公平原则,不利于保护妇女的合法权益。因此,张青青要求在离婚后取得对一些家庭责任田的经营权是合理合法的。

17. 欠钱超过两年就可以不还吗？

1997年2月，农民喻某借了5000元给个体工商户付某，约定1年内还清。可该款到期后一直未还，且难觅付某踪迹。1999年10月，喻某几经周折在县城找到付某，付某以暂无力支付欠款为由请求喻某再宽限几个月。2000年3月，喻某再次找到付某催要此款未果，便向法院提起诉讼。付某则称，该款已超过还款期限两年，不用再还了。

欠钱超过两年就可以不还吗？

《中华人民共和国民法通则》第135条规定:"向人民法院请求保护民事权利的诉讼时效期间为二年,法律另有规定的除外。"根据规定,债权人应该在债务履行期届满之日起二年内向债务人主张权利,超过两年未主张权利不受法律保护。本案中,喻某在债务履行期届满之日起二年内的1999年10月向付某要款,引起了诉讼时效的中断,即从要款之日起重新计算两年。可见喻某起诉并未超过诉讼时效。

债权人应依法及时地行使自己的权利,在二年内一定要向债务人催要,同时别忘了保存证据,催要时让对方在催收单或欠条上签个字。否则,即使二年内主张过权利却无凭无据,也只有"哑巴吃黄连",有苦说不出。

需要指出的是,根据法律规定,超过诉讼时效期间,当事人自愿履行的,不受诉讼时效限制;过了诉讼时效期间,债务人还款后,又以超过诉讼时效为由反悔的,不予支持;超过诉讼时效期间,当事人双方就原债务达成还款协议的,应当依法保护。

18. 超过诉讼时效期间在催款单上签名,债权债务关系仍受保护

1996年6月,农民万松想做点生意,便在当地信用社贷款4000元,约定利息按每日万分之四计算,还

款期限为1996年底。借款后,万松因做生意亏本,一直没有归还借款。直到2000年元月10日,信用社方开始向万松催要此款,万松仍未还钱,但在信用社的催款通知单上签了名。后来万松听人说债权人两年内没有催要欠款可以不还,便以信用社超过诉讼时效为由拒付该款。信用社则认为,欠债还钱,天经地义,遂向当地法院提起诉讼。

那么,信用社能否打赢官司呢?

最高人民法院1999年1月29日《关于超过诉讼时效期间借款人在催款通知单上签字或者盖章的法律效力问题的批复》规定,对于超过诉讼时效期间,债权人向借款人发出催收到期贷款通知单,债务人在该通知单上签字或盖章的,应当视为对原债务的重新确认,该债权债务关系应受法律保护。

因此,原告信用社并未丧失胜诉权,法院据此判决由被告万松归还所欠原告信用社的借款并承担利息。

19. 未约定利息的借款到期未还,出借人可索要利息

个体户连某向他的朋友李某借款20000元用于做生意,连某出具欠条给李某,约定1999年7月底以前还清。到期后,连某却没有归还此款。李某多次催要此款未果,便于2000年4月向法院递交了诉状,要求

连某归还借款并承担利息。而连某则辩称,当时没有约定利息,且本身资金紧张,无力支付利息。

那么,李某可以索要借款利息吗?

根据法律规定,合法的借贷关系受法律保护。连某向李某借款并出具了欠据,是双方真实意思的表示,合法有效,应受法律保护。连某应依约履行还款义务,这无可非议。

至于连某应否支付利息,应作具体分析。由于双方在借款时没有约定借款利息,所以无须支付欠条约定的期限内的利息。但根据最高人民法院《关于贯彻执行〈中华人民共和国民法通则〉若干问题的意见(试行)》第123条的规定:"公民之间的无息借款,有约定偿还期限而借款的人不按期偿还,或者未约定偿还期限但经出借人催问后,借款人仍不偿还的,出借人要求借款人付逾期利息,应当予以准许。"

由此可见,连某与李某虽未约定借款利息,但李某可要求连某偿付逾期还款利息,可根据银行同期贷款的利率计息。

20."高利贷"不受法律保护

1999年1月2日,卢易因做生意需要向严东借钱,双方经协商约定借款本金为10000元,按年利率20%计息,借款期限为一年。借钱后,严东出具一份借据给卢易。到期后,卢易没有归还欠款及利息,卢东遂向法院提起诉讼,要求卢易还款并付息。法院认为,年利率20%,超过了法律规定的幅度,属高利贷,因此法院对该利息请求不予支持。

那么,在什么范围内的利息符合法律规定呢?

最高人民法院《关于人民法院审理借贷案件的若干问题的意见》第6条规定:民间借贷的利率可以适当高于银行的利率,但最高不得超过银行同类贷款利率的四倍。超出此限度的,超出部分的利息不予保护。1999年1月份银行存款一年期利率为3.78%,最高(四倍)不能超过15.12%,而严东和卢易约定的利息超过了这个范围,属高利贷,人民法院对超出部分的利息不予保护。

21. 利息计算不能"滚雪球"

根据《民法通则》第90条的规定,合法的借贷关系受法律保护。无论是本金还是利息,只要合法就应该受法律保护。

然而在生活中常常遇到这样的案件,超过还款期限后,出借人计算利息时,分成若干时间段,在每个时间段分别计算出利息后计入本金,然后再以此为本金向后推算利息,这样滚雪球式地推算出一个新的欠款金额。

例如,被告于1997年7月向原告借款10000元,约定按每日万分之五计息。原告多次催要此款,被告无力偿还,但每次问款时都将利息计入本金,然后推算出一个新的欠款金额,重新出具借据,并以新的金额为基础重新约定利息。这样,到1999年7月,本利合计为18600余元。正常计算1997年7月到1999年7月利息应为3650元,而按复利计算则多出近5000元。

实践中，还有的出借人在借用人借款时就把利息扣除，而借款手续上金额却不变；有的出借人在出具借款手续时，将约定还款期间之内的利息计算出来之后一并写入借据，即将本金和利息加到一起之后出具借款手续。这些，都是法律不予保护的。《最高人民法院关于贯彻执行〈中华人民共和国民法通则〉若干问题的意见》第125条明确规定，公民之间的借贷，出借人将利息计入本金计算复利的，不予保护。因此，计算复利的行为是无效的。

农民朋友，在借款等经济交往中，一定要依法行事，不要贪图小利于法不顾，否则只会"竹篮打水"一场空。同时，在他人此类违法行为侵害了自身的合法权益时，要依法抵制。

22. 债务转移须经债权人同意

晏某因购买木料欠罗某人民币3000元，并出具了欠条一张。出具欠条时，晏某在欠条上另外注明："因李某欠我2000元，所以其中2000元由李某归还。"李某在旁边签了"同意"二字。罗某与李某没打过交道，对2000元由李某归还表示不同意，但晏某不同意再出欠条。罗某持该欠条多次找晏某催要欠款，但晏某只偿付1000元，其余以应由李某归还为由拒付。罗某在向晏某催款未果，而李某又找不到的情况下,向法院起诉晏某,要求其偿还借款。

那么,这2000元到底应由谁归还呢?

本案牵涉到债务转移的问题。《合同法》第84条规定,"债务人将合同的义务全部或部分转移给第三人,应当经债权人同意"。晏某欠债权人罗某3000元,要求其中2000元由其债务人李某偿还,亦即债务人晏某将合同义务的部分转移给第三人。这种债务转让须经债权人同意,否则转让行为无效。罗某提出不同意由李某偿还2000元,就是不同意该债务的转移。因此,该债务转移的行为是无效的。

法院据此作出判决,由晏某偿还欠款2000元。

生活中这种债务转移的行为常有发生,切记须经债权人同意,不能强加于债权人。

23. 丙欠乙款,乙欠甲款,甲可以直接要求丙偿还吗?

在基层法庭工作了10余年的曹法官,常听到群众这样的咨询:"某乙欠我的钱,而某丙又欠某乙的钱,我可以直接向某丙要吗?"

有这样一个例子:承包砖厂的老板许某向曲某借款10000元,约定1年内还清。许某承包经营期间,将砖赊出,也有许多债权在外面。其中最大的一笔是建筑老板王某共欠砖款20000元,写了欠条保证在1999年11月底以前还清。但该款逾期未还,许某也一心忙于生产,无暇催要欠款。

10000元借款到期后,曲某多次催要,许某均以种种理由拖欠。得知王某欠许某20000元到期,曲某便找到王某要求将10000元给他,但遭到拒绝。不久,许某因其他纠纷躲回家乡,并将财产转移。曲某经过多方咨询,终于向法院提起诉讼,要求由王某偿付10000元给曲某。

法院经审理认为,债务人许某拒不归还借款,且不积极行使到期债权,对债权人曲某造成损害,曲某可以代位行使许某向其债务人王某追偿欠款的权利。遂判决由王某偿付10000元给曲某,并承担利息和相应费用。

曲某所行使的向第三人要款的权利是代位求偿权,即债务人怠于行使到期债权,对债权人造成损害的,债权人可以向人民法院要求以自己的名义代位行使债务人的债权。行使债权人代位权一定要注意:债权人与债务人之间的债权债务关系合法有效,债务人怠于行使其对第三人的到期债权,债务人迟延履行债务。只有当这些条件满足时才能行使代位求偿权。

24. 欠债应归还,讨债须合法

某汽车贸易公司将一辆东风牌汽车卖给农民董根营运,当时没有付清购车款,尚欠的40000元约定了还款期限,并约定如到期不还可扣车追债。到期后董根没能还上这笔欠款,汽贸公司便趁董根修车之机强行将该车扣留,停放于该公司院内。董根经多方借款仍无法还钱,汽贸公司将该车扣留一月后,以买卖汽车欠款纠纷诉至法院,要求董根还钱。董根则认为,汽贸公司扣车是不合法的,对扣车造成的损失应当赔偿。

法院经审理认为,债务应当及时清偿,被告董根所欠购车款应按期偿还。但原告汽贸公司私自扣留他人财物是一种民事侵权行为,双方"可以扣车追债"的约定因违法而无效,因扣车给被告造成的损失应予以赔偿。据此,法院作出由被告偿还债务,原告赔偿扣车造成的损失的判决。

《民法通则》第75条第2款规定:"公民的合法财产受法律保护,禁止任何组织或者个人侵占、哄抢、破坏或者非法查封、扣押、冻结、没收。"我国《民事诉讼法》还规定:任何单位或个人采取非法私自扣押他人财产追索债务的,应当依法追究刑事责任,或者予以拘留罚款。可见,法律没有赋予债权人扣物索债的权力,只有人民法院对不履行生效法律文书规定义务的,才可以采取强制措施,如扣押、查封财产,冻结存款等。

当前个别债权人强行扣押债务人的财物抵债的

现象比较普遍,应该引起高度重视。强行扣物抵债要承担民事侵权责任,情节恶劣的还要承担刑事责任。特别是有的债权人通过扣押人质索债,触犯刑律,构成非法拘禁罪,进了牢房方悔不该当初。

25.为他人借钱担保要承担责任

个体户钱某向庄某借款10000元,出具了一张欠条。庄某提出要钱某的好友、个体司机付某在担保人栏签个名。付某心想,不就是担保一下么,反正钱某有钱,不会赖账不还,且碍于朋友的面子不好拒绝,便在担保人栏签了自己的名字。

钱某到期没有偿还这笔借款,庄某便将钱某和付某同时告上法院。付某认为,自己又没用这笔钱,也没得什么好处,只是在他们借款时担保了一下,不应由其承担还款责任。

那么,担保人付某对这笔借款是否应该承担责任呢?

付某在欠条上担保人一栏签署了自己的名字,是其真实的意思表示,应视为钱某向庄某借款的保证人。根据担保法的规定,对保证责任方式约定不明的,视为连带责任保证。付某只在担保人栏签了名字,约定不明应视为连带责任保证。对于连带责任保证人,只要债权人在约定的保证期间或还款期满后六个月内向其主张权利,就应对欠款承担连带清偿责任。即债权人庄某可向债务人钱某要款,也可要求保证人付某还款。因此,付某对这笔欠款应承担连带责任,即当钱某不归还时,庄某可要其偿还这笔欠款。当然,付某偿还欠款后,可向钱某追偿。

可见,为人提供担保不是儿戏,定要三思而行。

26. 保证人还款后,可行使求偿权

1999年1月,林某向某农行营业所贷款30000元,借款期限为半年,由饭店老板朱某和村支书周某提供连带责任保证,没有约定保证份额。林某到期后未归还借款。经农行营业所多次催要,1999年9月周某将该款本息全部还清。之后,周某向林某要求将该款偿还给他,并要求朱某承担相应的保证责任。林某以无钱为由拖欠,而朱某则认为他承担的是保证责任,而该款已还清,因此他没有了责任。那么,周某该怎样行使求偿权呢?

根据《担保法》第31条的规定,保证人承担保证责任后,有权向债务人追偿。周某还清了贷款,自然可向债务人林某追偿。但是,另一保证人朱某应承担什么责任呢?根据《担保法》第12条的规定,同一债务有两个以上保证人的,保证人应当按照保证合同的保证份额,承担保证责任。没有约定保证份额的,保证人承

担连带责任。已经承担保证责任的保证人,有权向债务人追偿,或者要求承担连带责任的其他保证人清偿其应当承担的份额。对于负连带责任的各保证人之间没有约定各自应承担的份额的,根据民法的公平、平等原则,各个保证人承担的份额应当均衡。

由此可见,周某还款后,既可以向主债务人林某行使追偿权,也可以对共同保证人朱某行使追偿权。这两种求偿权周某可以选择使用。对于主债务人林某不能偿还的部分,由周某与朱某平均分担。

27. 债权人未行使权利,担保人免除责任

1998年2月,农民曾某向信用社贷款30000元,约定期限为半年。同时,村主任任某为其提供担保,约定如果曾某不能如期归还借款,则由任某承担一般保证责任,双方未约定保证责任期间。借款期满后,信用社多次催要,曾某没有偿还借款。

2000年1月,信用社向法院起诉曾某和任某,要求两人承担还款责任。任某辩称,债权人未在保证责任期间内行使权利,担保人应免除责任。那么,本案该如何处理呢?本案中曾某与信用社签订的借款合同合法有效,曾某应偿还借款并支付利息。任某所提供的担保系一般保证,因双方未约定保证期间,其保证责任期间应为6个月。我国《担保法》第25条明确规定:"一

般保证的保证人与债权人未约定保证期间的,保证期间为主债务履行期届满之日起6个月,在合同约定的保证期间和前款规定的保证期间,债权人未对债务人提起诉讼或申请仲裁的,保证人免除保证责任。"

由此可见,保证人任某仅在保证期间内承担保证责任,如保证人不履行保证责任,债权人可在保证期间内依法提起诉讼。但由于债权人信用社在保证期间内未对借款人提起诉讼,因此,保证人任某在保证期间届满后免除了保证责任。

28. 未经存单持有人同意的质押贷款无效

1998年7月,农民江某因急需钱周转而向黎某借款5000元。为了表示还款诚意,江某将一张还有半年到期的10000元三年定期存单交给黎某暂管。三个月后,江某还清了5000元借款,并支付了利息,要求黎某将存单归还。而黎某却在一个星期前通过熟人向储蓄所贷款8000元,用该存单进行质押,储蓄所对该存单办理了质押手续,并在存单上注明:"不得提前支取和挂失支取,已用于抵押。"

江某对自己的存款不能支取感到气愤,觉得自己的合法权益遭到侵犯,却又不知如何保护自己的合法权益。

根据《中华人民共和国商业银行法》第36条之规

定:"商业银行贷款,借款人应当提供担保。商业银行应当对保证人的偿还能力,抵押物、质押物的权属和价值以及实现抵押权、质押权的可行性进行严格审查。"担保法对质押、抵押贷款担保手续也有严格的规定。但本案中,储蓄所没有要求借款方出具他人表示同意质押的证明,也没有担保方江某的签字。因此该质押合同不是江某的真实意思表示,这种质押关系应该是无效的。

江某可以找黎某和储蓄所协商,要求返还其存折。协商不成可以黎某和储蓄所为被告向法院起诉,要求确认质押关系无效,判令黎某承担民事侵权责任,储蓄所返还存折。法院会支持江某的诉讼请求的。

29. 供方违约应双倍返还定金

个体户巫某常年在镇上农贸市场销售水果。为了保证水果供应充足,1999年6月,巫某与市水果公司签订了一份早熟蜜桔购销合同。合同约定水果公司必须在9月底以前按合同规定的数量、质量、包装等用火车发运60000公斤蜜桔至巫某所在地火车站,巫某预付定金20000元,货到3日内付清货款。

水果公司由于货源不畅,合同到期时无货供应,便要求巫某解除合同。巫某提出供方违约应双倍返还定金,而水果公司则以合同中未约定双倍返还为由拒绝承担双倍返还的责任。双方因此酿成纠纷。

根据《民法通则》第89条第3款的规定:"当事人一方在法律规定的范围内可以向对方给付定金。债务人履行债务后,定金应当抵作价款或者收回。给付定金的一方不履行债务的,无权要求返还定金;接受定金的一方不履行合同的,应当双倍返还定金。"

本案中巫某与水果公司签订的购销合同,符合法律规定,是合法有效的。双方对以定金作为买卖合同的担保方式意思表示真实。水果公司接受定金后不履行合同义务,应双倍返还定金,即支付40000元给巫某。

30. 货主拒付运费,车主可扣货

龙某是一名个体司机,几年来在外跑长途,虽然辛苦,但收入还不错,故龙某乐此不疲。

某市一个体户岳某欲将400台空调运到成都市某公司销售,便于1999年7月,与龙某在货运站签订了运输合同,约定由龙某承运岳某400台空调至成都,全程运价10000元,在运输途中若发生掉包、遗失或其他损失,按出厂价赔偿。承运方龙某依约出发后,途中因大雪封山,路滑坡陡,负重过大致发动机出现故障等原因无法前行。岳某得知情况后要求龙某将货物拉运回来,以免受到损失。

龙某将货拉回后,要求岳某补偿经济损失及运费等计10000余元。遭到拒绝后龙某扣下四台空调,价值10000多元。

岳某认为龙某没有完成运输合同规定的义务,应当赔偿其造成的经济损失,且龙某不能扣留货物。龙某则认为,是岳某要求其将货拉回,拒付运费没有理由。双方争执不下。那么,这起纠纷该怎样处理呢?

岳某与龙某签订的属运输合同,是双方当事人真实意思表示,该合同合法有效。在履行合同的过程中,因大雪封山,汽车出现故障,龙某按岳某的意思将货拉回,应视为当事人双方对运输合同的内容进行变更。合同变更后,当事人应按变更后的合同履行。虽龙某未能将空调运达成都,但龙某按照变更后的合同约定将空调运回,岳某应按约付给龙某运费。

同时,根据《担保法》第84条第1款规定,因保管合同、运输合同、加工承揽合同发生的债权,债务人不履行债务的,债权人有留置权,即可将其掌握中债务人的财产扣留以抵偿债务。龙某因承运货物应得到相应的运费,而岳某没有依约履行给付运费的义务。因此,债权人龙某留置其承运的债务人的空调的行为,符合《担保法》的规定。在岳某支付了龙某相应的运输费后,龙某应如数退还空调。

需要注意的是,留置权只存在于法律明确规定的几种合同关系中,超出此范围扣留他人财物便不是行使留置权,而是侵权。

31. 强迫交易构成犯罪

周刚想买木料。1999年11月1日,他为了压低价格,还特地邀上当地很吃得开的王强一起到黄花林场,强行要木材贩子司外将木材卖给他。司外因价钱不满意而不同意,周刚和王强便对司外进行恐吓,后又对司外进行殴打,迫其下跪,还将其财物打坏。后来司外被迫将木材卖给了周刚等人。

那么,这种强迫交易的行为法律允许吗?

司外到有关部门咨询后了解到,周刚、王强等人的行为构成强迫交易罪。《刑法》第226条明确规定:以暴力、威胁手段强买强卖商品、强迫他人提供服务或者强迫他人接受服务,情节严重的,处三年以下有期徒刑或者拘役,并处或者单处罚金。

最后,周刚、王强二人均被法院判处有期徒刑二年,并处罚金1000元。

周刚、王强以暴力、威胁手段强迫他人把根本不愿出售的木料卖给他,这种强迫交易行为严重地扰乱了当地市场的正常交易秩序,侵害了交易对方的合法权益,理应受到法律的严惩。

32. 出卖村部损害集体利益,行为自始没有法律效力

1999年,某县法院审结了一起村支书等人擅自出卖村部的案件。该案在当地影响很大。

案情是这样的:1999年1月2日,某村原村支书王某以兴建新村部及改善村小学设施缺少资金为名,未经该村村委会党员、村民小组长和村民代表大会同意,也未实行公开招标,便擅自与个别村干部将坐落

在镇上的原村部房产以 10000 元的价格出卖给村民刘某。协议签订后,刘某交清了房款。村民得知后反映强烈、议论纷纷。不久,村委会进行了调整,新任领导认为原支书擅自出卖村部,严重损害了村民的集体利益,不同意办理房产过户手续。为此,刘某以村委会为被告向法院提起了诉讼。

法院经审理认为,原村支书王某等人擅自出卖村部,损害了村民集体利益,因而属无效民事行为。从而判决该房屋买卖行为无效,村委会返还房款 10000 元。

本案中原村支书王某代表该村行使职权,将村部出卖给刘某,虽然是双方的真实意思表示,但未依照《村民委员会组织法》的规定进行民主商议,征求村民的意见,且损害了村集体的公共利益,依照《民法通则》的规定,属于无效民事行为,从双方签订协议时起就没有法律效力。

生产经营和商品交易中,人们一定要牢记,不能违反法律,不能违反社会公共利益,否则徒劳一场还要承担民事责任。

33. 超越代理权限要承担法律责任

1999 年,某村办工厂法定代表人于某委托业务员南某到某服装公司购买一批西服。南某接受委托后,与服装公司签订了一份服装购销合同。之后,该服装公司又向南某推销各式领带,并同意按十分优惠的价格供货。南某认为价格便宜,在时间紧、未及时与法定代表人取得联系的情况下,便又代表该厂与服装公司签订了一份领带购销合同。

同年7月,服装公司按合同的约定将服装和领带发往村办工厂。该厂只支付了西服货款,认为南某超越代理权限签订的领带购销合同无效,坚决要求退回领带。服装公司不同意,双方发生经济纠纷。

该案应该如何处理呢?

根据《民法通则》第16条之规定,没有代理权、超越代理权或者代理权终止后的行为,只有经过被代理人的追认,被代理人才承担民事责任。未经追认的行为,由行为人承担民事责任。本案中法定代表人只委托业务员南某代理签订一份西服购销合同,而南某又以该厂名义与服装公司签订了领带购销合同,签订领带购销合同之前没有取得于某的同意,即超越代理权签订了该合同,且事后也没有得到于某的追认。因此,南某超越代理权签订的领带购销合同是无效合同。

由此可见,该厂对此行为不承担法律责任,而应由业务员南某承担民事责任。

34. 卖鞭炮当心"炸"出官司

2000年2月1日,在某市鞭炮集市上,赖某为了招揽顾客,在鞭炮摊旁试燃鞭炮。有的鞭炮飞弹起来落在鞭炮摊上,引燃了摆在案板上的盘鞭。由于摊位相隔很近,很快又引燃了其他摊位的鞭炮,加上没有完善的消防管理组织和设施,引起了爆炸事故,将三人炸成轻伤。

事故发生后,受害人起诉至人民法院。法院依法作出了由赖某赔偿损失的判决。案件虽审结,留给人们的思考却很多。

公安部、国家工商行政管理局《集贸市场消防安全管理办法》第3条规定,集贸市场严禁经营易燃易爆物品,公安部、商业部《烟花爆竹安全经营管理暂行规定》规定不准现场试放鞭炮。然而,许多农村鞭炮集市和农贸集市都设置在一起,而且现场试放现象严重,给人身安全和财产安全留下了很多隐患。这值得引起人们的高度重视。

35. 断电不通知,损失要赔偿

市法院法官王平曾被单位派到小成村扶过贫。这年夏天双抢时,王平又来到小成村。到了晚上,他发现全村都没电,赶忙问村主任是怎么回事。

"因为我村还欠电费,供电站就把电停了,以前也经常这样,只要电费没交清,电站就会挑你急着用电的时候断电。这不,村民收了禾都因为没电打不成,米也没法碾,辛苦了一天,晚上连照明、吹电风扇、看电视都别想了。"村主任无可奈何地说。

"那,村办的机砖厂也停产了?"王平急着问,这可是小成村的支柱产业。

"可不嘛。机砖厂承包人今天都找到村委会来,说无法正常生产,要提前解除承包合同呢。"

"电站停电之前通知了你们吗?"王平问。

"没有。电站停电从来不通知,每次都是想停就停。"旁边的村民也按捺不住自己气愤的心情。

王平听了后,心里真不是滋味:"你们怎么不早说?电站这样中断供电不事先通知,是违反法律的,侵犯了你们的合法权益,造成损失应该赔偿。"

"可是,我们欠电费在先,这样断电可能是合理的吧?"村主任仍然不解。

王平告诉他:"即使你们欠电费,供电站中断用电也要事先通知你们,没履行通知义务造成用电人损失的,就应该承担赔偿责任。这是法律有明确规定的。"

第二天,王平找来合同法和电力法条文,详细地给他们作了解释。村委会一班人终于明白了。

原来,供电人与用电人是一种合同关系,供电人应按电力法的规定,在发电、供电系统正常的情况下,连续向用户供电,不得中断。如果因特殊原因要中断供电,事先须通知用户。用电人则应该按时交付电费,用电人没按期交付电费是违约,应依法支付违约金。但供电方不能因为用电人违约就擅自断电。供电站在未通知用电人小成村的情况下断电,不管有何理由,都是违约行为,对造成的损失应该赔偿。

在与电站交涉没有结果的情况下,小成村村委会最后决定,请律师写状子,向法院起诉,要求电站赔偿损失。

36. 收了停车费,当赔车辆被盗损失

农民况某买了一辆北京吉普车营运载客。2000年2月3日晚,况某载客到市宾馆吃饭,将车停放在宾馆停车场,并按章交纳了5元钱的停车费,停车场出具了收据。晚饭后,况某等人出来时,发现自己的车不见了。后经市公安局侦查认定该车已被盗。

况某认为其车辆被盗是由于市宾馆保管不善造成的,遂向法院起诉,要求市宾馆赔偿损失。市宾馆辩称,其仅提供车位而不负有对车辆的保管义务。那么,市宾馆对该车损失是否应该赔偿呢?

本案中,况某按市宾馆指明的地点停放车辆,并交纳了停车费,市宾馆也出具了专用收据,已形成委托保管关系。因此,市宾馆对原告所停放的车辆负有法律上的保管义务,车辆丢失或损坏,应负相应赔偿责任。

据此,法院根据《民法通则》的有关规定,判决由市宾馆赔偿原告车辆被盗损失。

37. 未满16岁的人可以参与合伙吗?

小明初中毕业后没有继续上学,在家务农时被人邀请一起合伙成立一家合伙企业——志成板鸭厂。当时小明只有15岁。众合伙人就有关事宜签订了书面协议,但在申请设立登记时,有关部门认为小明未满16岁,不具有完全民事行为能力,成为合伙人不符合

法律规定,因此不予登记。

合伙是一种较为复杂的民事法律行为,这一行为包括订立合伙协议、营利性经营、责任承担等,合伙人应该独立完成。小明未满 16 岁,是限制民事行为能力人,《合伙企业法》第 9 条规定:"合伙人应当为具有完全民事行为能力的人。"所以,小明不能作为合伙人参与合伙经营,否则其参与合伙经营的行为是无效的。

38. 只有口头协议,合伙关系成立吗?

瑞县是个农业大县,养猪专业户也特别多。小华、小健两个小伙子见收猪卖往外地有钱赚,便商议各出资 20000 元一起收猪卖。不久,他俩又邀到同村伙伴小贵。1998 年,口头议好三人合伙收猪运到广东卖,共同出资,共同经营,共负盈亏。三人还说好由小健管钱,小贵交了 10000 元,由小健出具收条,收条没写明具体用途。之后,三人一起到各乡养猪专业户处联系收猪,轮流押猪运到广东卖,并告诉别人他们是三人合伙做生意。

由于三人在识猪等方面没有经验,加上猪卖出后有些钱无法收回,很快便出现亏损。小贵便不愿继续经营,提出他没有参加合伙,没有签订书面合伙协议,10000 元是借用的,不肯承担亏损,要求退还其 10000 元。

小华和小健认为,三人约好共同经营,共负盈亏,出现亏损应该由三个人共同承担,便想向法院起诉,但又不知道只有口头协议能不能打赢官司。最后,他们还是鼓足勇气走进了法庭向法官咨询。

接待他们的费法官听后告诉他们说:"根据我国法律规定,你们之间虽没有订立书面协议,但只要有两个以上没有利害关系的人证明你们有口头合伙协议,而且又具备了合伙的其他条件,法院便可以认定合伙关系成立。因此,如果能证明你们三人之间有口头合伙协议,你们可以合伙纠纷起诉。"

听了法官的话,两人心里的石头落下了。回去后,他们找到知道他们合伙情况的养猪专业户作证,向法院提起了诉讼,要求小贵与他俩共同承担亏损。

法院受理后,根据养猪专业户的证言和三人共同经营的事实,认为三人虽没有签订书面合同,但自愿相邀,且共同出资,共同经营,属事实上的合伙关系。因此,对亏损三人应共同承担。

39. 入伙须经全体合伙人同意

1998年金甲、金乙、李丙三人自愿合伙成立了采石组,约定共同劳动,合伙经营,按劳分配。三人经营了一段时间,取得了较好的经济效益,并按劳分配进行了多次分红。1999年3月,金丁也想加入采石组,找到金甲、金乙,金甲、金乙和他是同村人,便很快答应了。李丙知道后心里不同意,因为他并不信任金丁。

但见其他两人都同意,觉得自己不同意也没用,便没有明确表态。这样,金丁也参加了采石劳动。

李丙对金丁的加入很不高兴。一次和他的朋友谈及此事,表明自己不同意金丁入伙。朋友便告诉他:"不同意就不要让他入伙嘛。"

"他们两个同意,占多数,我不同意有什么用。"李丙无可奈何地说。

"我听律师说过,只要有一个合伙人不同意,入伙就不能成立。"

听了朋友的话,李丙半信半疑,当天便跑到律师事务所咨询。听了律师的解释,他才放心地回家去了。他决定表明自己的态度,因为如果他不同意,金丁便不能入伙了。

原来,律师告诉他,入伙属于个人合伙事务中的重大事项。因为接纳一个新的合伙人实质是修改了原有的合伙协议,所以,必须经全体合伙人一致同意才可接纳新的成员,任何一个合伙人都有权坚持原有协议,拒绝其不信任的人入伙。

如果李丙明确提出不同意金丁入伙,而金甲、金乙仍坚持允许金丁入伙,李丙可以向法院起诉,要求确认金丁的入伙无效。

40. 入伙的新合伙人对入伙前合伙企业的债务应否承担责任?

1997年元月,吉明和吉林合伙组建了一家"青青腐竹厂"。8月份收购农民李泉的黄豆3000斤,计币6000元,当时付款2000元,余下4000元写了一张欠条给李泉,落款为"青青腐竹厂",吉明在欠条上签了名。1998年10月,经过吉明和吉林同意,农民小平入伙,并签订了书面协议。入伙时,吉明和吉林向小平介绍了该厂的经营状况和债权债务情况。从此三合伙人共同经营"青青腐竹厂"。1999年6月,厂子因亏损严重停产,三人各做各的事去了,也没进行清理。

李泉因一直没要到黄豆款,便以三合伙人为共同被告告上法庭,要求三合伙人对4000元欠款相互承担连带清偿责任。小平辩称,欠这笔款的时候我还没入伙,所以不关我的事。

那么,小平对这笔款应承担连带责任吗?

根据法律规定,入伙的新合伙人与原合伙人既享有同等的权利,也应承担相应的义务。合伙企业是一个组织体,其生产经营活动和盈利需要一个较长的积累过程,新合伙人入伙后便成为合伙企业的一分子,享有合伙企业的财产和其他盈利的分配,理应对入伙前的合伙企业债务承担连带责任。《合伙企业法》第45条第2款规定:"入伙的新合伙人对入伙前合伙企业的债务承担连带责任。"据此,小平对4000元欠款应负连带责任。

41. 合伙债务不能约定只由一人承担

1998年7月,农民李明生等7人在其家乡合伙建了一家砖瓦厂,从事红砖生产。该厂投产以来,从当地请了李林等20余名农民帮工从事生产。1999年9月经结算,共拖欠20余名帮工工资47000余元。同年10月,7人经协商同意散伙,由李明生以10万元买下这家合伙兴建的砖瓦厂,并约定该砖厂所有的债权、债务由李明生承担。一个月后,李明生将砖厂设备等主要的固定资产出卖或转走,并带着钱离开家乡,下落不明。就这样,李明生又找不着,其他合伙人又都以"砖厂卖给李明生"为由而拒付欠款,李林等人辛辛苦苦干了活却拿不到钱,不知如何是好。最后,经过商量,他们准备向律师咨询该向谁讨回欠款。

李明生等人在生产经营期间拖欠李林等人工钱未付,属于合伙债务。合伙人对合伙债务承担连带责任是没有疑问的,但是本案中合伙组织解散后,合伙人对合伙债务的承担作了明确约定(即由李明生承担),那么,其他合伙人是否可以因此免除责任呢?答案是否定的。因为合伙人对"合伙债务由李明生一人承担"这一约定属合伙人内部约定,不能以此对抗债权人的请求,从而不能免除合伙人对合伙债务应承担的连带责任。因此,7名合伙人都应对这笔债务承担连带责任,李林等人可以向其中任何一人要求偿付这笔欠款。

42. 合伙人清偿合伙债务后,可以向其他合伙人追偿

老王、老黄和老李三人相邀一起做辣椒生意,约定共同出资(各出10000元),共同经营。刚开始的一段时间,生意做得马马虎虎,略有一些盈利。1999年6月,他们将辣椒运往外地时,因遇上车祸,不仅没有挣到钱,反而欠下菜农老孙5000元。

菜农老孙只认得老王,便向老王要这笔钱。但老王说,这钱又不是我一个人欠的,我最多只能出三分之一,其余你去问他们俩要。

老孙心想,问得一分是一分,便要求老王偿还三分之一,可老王三分之一都不愿还。老孙便到律师事务所请律师写状子,要求老王、老黄和老李三人各偿

还5000元的三分之一。

律师小赵了解这一情况后,便告诉老孙:"不必由你替他们分责任。合伙人对合伙债务负无限连带责任,即每个合伙人都有义务以个人财产承担合伙债务,你可以要求他们三人中任何一个人偿还债务,可以只起诉老王。"

"那么,老王一个人偿还5000元,不是有点冤枉他吗?"老孙倒又同情起老王来了。

小赵接着解释:"根据法律规定,老王清偿合伙债务后,他就取得了债权人的资格。对超过其应当承担的数额可以向其他合伙人老黄、老李追偿,要求他们承担相应的份额。如果他们合伙时没有约定怎样分担,可按他们出资比例分担。也就是说,谁出资多则盈余分配多,相应地承担的责任和风险就越大;出资少则获益少,承担责任和风险也少。"

老孙听了,这才恍然大悟。他心想:一个合伙关系里面就有这么多学问,看来,还真要多学点法律知识,要不,就不知道怎样保护自己的合法权益了。

43. 父子合伙也应订合同

1997年3月,农民程甲与儿子程乙共同承包村委会的一水库养鱼。约定承包期为10年,承包金为每年10000元。程甲和程乙凑足了首批承包金后,由程乙交到村委会并在承包书上签了字。

承包开始后，程家父子各自又投入了一些资金，购买鱼苗、饲料，并在水库旁建了一个小型养猪场。两人对共同承包一事没有签订任何协议，对出资、开支情况也没有记载。

1999年，当鱼塘和猪场即将进入收获的季节时，程家父子由于种种原因开始对该由谁出资和下步怎样分红等问题发生矛盾。后来矛盾加剧时，程甲以鱼塘是自己承包和投资管理为由，欲将程乙赶走。程乙则认为承包合同是他签的字，鱼塘是他承包的。经多次与父亲争辩未果，遂将父亲告上法庭。

那么，法院到底会支持谁的诉讼请求呢？

法院经审理认为,程乙作为出资人之一,以代表人的身份签字,并经常参与经营管理,应认定由他承包为宜,故判决程甲与程乙终止合伙关系,鱼塘由程乙承包经营;共同承包期间的财产平分。

程家父子凭感情办事,合伙未订立协议,结果父子反目,不欢而散。程甲逢人便说:"合伙一定要订个书面协议,否则后患无穷啊。"可见,在生产经营中,一定要按法律程序办,否则,发生纠纷方悔没有凭证。

44. 垃圾污染造成水稻减产要赔

1999年,某市环卫处在郊区村委会的斜坡上设立一个垃圾场,并在此倒垃圾。由于垃圾场位置较高,产生的污水从坡上流下,使附近的水田遭受污染,6亩水稻颗粒无收,近7亩水稻大量减产。这一污染事件使10多户村民受害。

受害村民向法院提起诉讼,要求市环卫处赔偿损失。据此,法院经审理,依法判决市环卫处停止侵害,并赔偿损失1万余元。

《中华人民共和国民法通则》第124条规定:"违反国家保护环境防止污染的规定,污染环境造成他人损害的,应当依法承担民事责任。"市环卫处对于倾倒于斜坡处可能污染环境的垃圾没有采取有效的防止污染的措施,致使因其污染环境造成10余亩水稻绝收或减产,侵害了村民的合法权益。

人们在生产生活中有时会受到环境污染的侵害,当自己的合法权益遭到污染的侵害时,别忘了拿起法律的武器来保护自己。

45. 噪声污染致人危害要承担赔偿责任

唐甲与唐乙是一大家族人。两家同住一幢老屋中,一家居住一边。1999年夏,唐甲买了一台轧花机,放在自家一房间内,进行籽棉脱籽营业。由于噪声很大,影响了唐乙一家人的生活。唐乙多次找唐甲交涉,都没有得到解决。唐乙60岁的母亲患有心脏病、高血压症,由于受轧花机噪声的影响,致心脏病复发,住院治疗共花医疗费4000余元。唐乙遂向唐甲要求赔偿,而唐甲则认为与己无关。双方争执不下。

那么,因噪声污染致人身体受到危害应不应该赔偿呢?

本案中,唐甲将轧花机放在两家共同居住的屋内加工经营,以致发生严重干扰唐乙家生活的环境噪声,这是法律规定的社会生活噪声的一种。

根据《中华人民共和国民法通则》第124条的规定:"违反国家保护环境防止污染的规定,污染环境造成他人损害的,应当依法承担民事责任。"另外,根据《中华人民共和国环境噪声污染防治法》第61条规定:"受到环境噪声污染危害的单位和个人,有权要求加害人排除危害;造成损失的,依法赔偿损失。"

由此可见,唐乙有权要求唐甲排除危害,并承担相应的民事责任。如果与唐甲协商不成,且经鉴定证明心脏病发作与噪声污染有关,唐乙可以向人民法院提起诉讼,要求唐甲承担相应的赔偿责任。

46. 自家地上挖沟排水损害邻居要赔

彭成与彭全是邻居,两家房屋只距一条小巷。1996年2月,彭成在自家宅基地的一条过道上挖了一条水沟。该水沟宽60厘米,深20厘米,距彭全的房屋地基处60厘米。由于该水沟地势较低,雨天附近的排水存积严重,长期浸泡彭全的房屋地基,使地基下陷,墙体开裂。

1999年12月,彭全为修复该屋花去3000余元,彭全认为损失是由彭成挖水沟造成的,损失应由其赔偿。而彭成则认为自己在自家过道上挖沟没有过错。

最高人民法院《关于贯彻执行〈民法通则〉若干问题的意见(试行)》第103条规定:"相邻一方在自己使用的土地上挖水沟、水池、地窖等或种植的竹木根枝伸延,危及另一方建筑物的安全和正常使用的,应当分别情况,责令其消除危险,恢复原状,赔偿损失。"彭成在自家地上挖排水沟虽是行使自己的权利,但给他人造成损失,这种损人利己的行为是法律所禁止的。

因此,相邻各方应当按照方便生活、团结互助、公平合理的精神正确处理相邻关系,给相邻方造成损失的,应当停止侵害,赔偿损失。

47. 灌溉,别侵犯了相邻权

孙甲与孙乙两家的秧田相邻,共同使用一条水渠灌溉秧苗。孙甲的秧田在上游。

1999年夏天,因久旱无雨,水渠流量不足灌溉。一天,孙甲将通往孙乙家秧田的流水口堵死,将渠水全部截流到自家秧田。而孙乙的秧田却因断水干渴,很快变得枯黄,影响禾苗质量,损失严重。

孙甲的行为构成侵权吗?孙乙能否要求孙甲赔偿损失呢?

孙甲与孙乙两家处在相邻水源关系中,本应按照水的自然流向合理地用水,而孙甲却擅自截流,独占水源,使孙乙家秧田受到损失,侵犯了孙乙家的权利。

根据民法通则的规定,不动产相邻各方,应按照有利于生产、方便生活、团结互助、公平合理的精神,正确处理截水、排水、通行、通风、采光等方面的相邻关系。给相邻方造成妨碍或者损失的,应当停止侵害,排除妨碍,赔偿损失。

孙甲为了自己秧田得到充分的灌溉而断水截流,使下游的秧田得不到水,是损人利己的不合理行为,给孙乙家造成的损失理应赔偿。

48.麦田施药,殃及瓜苗要赔偿

1999年4月,村民曾某为自己的4亩小麦地喷洒灭草剂。曾某的部分小麦地紧挨姚某种植大棚西瓜的蔬菜地,姚某不知曾某喷药,和往常一样给大棚放风而没有采取必要的防护措施。结果曾某为小麦洒的除草剂影响到了大棚中的西瓜秧苗,使西瓜秧出现叶片皱缩现象。经有关部门鉴定,西瓜秧受除草剂影响,对后期生长有抑制作用,造成不同程度的减产,受害期生长缓慢,不易结瓜,造成结瓜晚,降低产量。

姚某遂要求曾某赔偿自己的损失,而曾某则认为,姚某的损失不是其故意造成的,不应由其赔偿。

姚某"哑巴吃黄连"——有苦说不出。那么,对姚某的损失应该由谁承担赔偿责任呢?

曾某应该知道其所喷的农药给姚某正在放风的大棚里的西瓜秧苗可能造成危害,但并未采取有效的防范措施,也未通知姚某,致使姚某种植的西瓜减产。曾某对此具有疏忽大意的过失,根据民法通则的过错责任原则,曾某应对其因疏忽大意的过失造成的损害结果承担赔偿责任。

因此,姚某可以找曾某就赔偿方案进行协商。协商不成,姚某可以向人民法院起诉。

49. 投保车辆改变用途,保险公司不负责任

高某于1999年2月购买一辆桑塔纳轿车,同年5月与保险公司签订一份保险合同,为该车投保了A、B、D、E、G 5个险种。为了少交保险费,高某在所签订的"机动车辆保险单"中写明投保车的使用性质是:"非营"。合同签订后,高某按约交纳了保险费3600元。

高某办妥手续后,将该车用于营运载客。同年7月,在一次车祸中该车被撞,毁损严重。高某遂要求保险公司赔偿。

保险公司在办理理赔过程中,发现该车一直在营

运载客,遂以投保车辆改变用途为由拒赔。

《保险法》第36条规定:"在合同有效期内,保险标的危险程度增加的,被保险人按合同约定应及时通知保险人,保险人有权要求增加保险费或者解除合同。"第16条第3款规定:"投保方故意不履行告知义务的,保险人对于保险合同解除前发生的保险事故,不承担保险或者给付保险金的义务,并不退还保险费。"

由此可见,高某由于投保车辆用于营运,增加了危险程度,违背了双方在合同中的约定,保险公司依法不应承担赔偿保险金的责任。

当前许多车主在投保时,为了达到少交保险费的目的,常常隐瞒车辆的真正用途,或者改变投保车辆用途不通知保险公司。这样,常弄得"偷鸡不成,反蚀一把米",既交了保险费,又得不到赔偿。

50. 保险期内擅自转让车辆,发生事故保险人可拒赔

1999年1月,某设备厂将本单位购买并使用了两年的一辆江阳牌货车卖给一个体户姜某,双方签订了买卖汽车协议,但未到有关部门办理过户手续。该车交付后,姜某于同年9月将该车转让给某村农民刘某从事营运,同样只签了买卖协议,未办过户手续。

该车于1999年1月由某设备厂向保险公司投保

一年,并交纳保险费6000余元。

1999年12月,刘某驾驶该车回家途中,将一骑自行车的妇女撞倒,致该妇女右腿残废,经鉴定为七级伤残,花去医疗费用3万余元。经交警部门认定,刘某负此次事故的全部责任。

刘某遂向保险公司要求理赔,保险公司经核实后,以该车转让没有事先通知保险公司并办理批改为由,拒绝赔偿。刘某便将保险公司告上法院。那么,保险公司是否应该赔偿呢?还是让我们来听听法院的意见。

《机动车辆保险条款》第23条规定:在保险合同有效期内,保险车辆转卖、转让、赠送他人、变更用途或增加危险程度,被保险人应当事先通知保险人并申请办理批改。第27条规定:被保险人不履行规定的义务,保险人有权拒绝赔偿或自书面通知之日起解除保险合同。

据此,法院将设备公司追加为第三人,并经审理认为,设备公司将自己的车辆向保险公司投保,并与保险公司签订了机动车辆综合保险单,应全面履行保险合同规定的义务。而其在保险期内将车转让给他人,又没事先通知保险公司并申请办理批改,没有履行被保险人的义务。因此,保险公司有权拒绝赔偿。

51. 村委会擅自取消动力电使用权违法

1999年某村委会决定改造高压输电线路,规定按照明户每户交改造费60元,动力户交2000元。动力户李某因故未能交清该款,村委会多次催交未果,于是规定谁交2000元,就由谁安装动力电。李某还是未能如期交清该款。2000年,村委会收了吕某交来的2000元,便召开村民会议,取消了李某的动力电使用权,切断了李某的动力电源,并与吕某签订了协议书。

李某认为村委会无权取消他的动力电使用权,这样做侵害了他的合法权益,便向法院提起诉讼。

那么,村委会是否侵害了李某的使用权呢?

《中华人民共和国电力法》第6条第2款规定:"县级以上人民政府有关部门是本行政区域内的电力管理部门,负责电力事业的监督管理。县级以上地方人民政府有关部门在各自的职责范围内负责电力事业的监督管理。"第26条第2款规定:"申请新装用电、临时用电、增加用电容量、变更用电和终止用电,应当依照规定的程序办理手续。"

由此可见,供用电管理权属于电力部门,村委会对电力事业无管理权,取消李某的动力电使用权和准许他人安装动力电都是违法的。李某未及时交线路改造费,应当通过法律途径解决。

据此,法院判决村委会与吕某签订的动力电安装协议无效,村委会返还吕某已交的线路改造费2000元;村委会恢复李某的动力用电,李某向村委会交纳供电线路改造费2000元。

52. 哄抢他人承包的鱼塘里的鱼构成犯罪

1998年,彭某与唐某合伙承包了某村委会山东水库养鱼,并订立了书面承包合同,约定承包期为5年,依法取得了该水库的经营权。1999年下半年,因久旱无雨致水库蓄水量减少,到年底时水深不足3尺,严重危及鱼的生长。彭某和唐某便准备捕鱼。12月3日,当他们正在捕捞时,水库边围满了许多群众。当鱼网快收上来时,面对活蹦乱跳的鱼,在旁观望的周某大叫一声:抓鱼啊!并动手抓鱼。围观群众见状纷纷下水抓鱼,将水库里的鱼哄抢一光。

结果,周某被判处有期徒刑一年,缓刑一年,并处罚金1000元,还赔偿了彭某和唐某的损失1000元。周某没想到自己只是带头抓了几条鱼,却落得如此下场,真是后悔莫及。

《刑法》第268条规定,聚众哄抢公私财物,数额较大或有其他严重情节的,对首要分子和积极参加的,处三年以下有期徒刑、拘役或者管制,并处罚金。本案中彭某、唐某通过承包取得了对山东水库的经营权和收益权,任何人不得侵犯。而周某却起哄煽动群众强行抓鱼,侵犯了他人合法权益,自己也因此触犯刑法被判刑。

可见,要想发财致富,须靠自己的双手去创造、去劳动,如果想不劳而获,侵害他人合法的生产经营权,必受法律惩罚。

53. 私拉电线捕鱼触犯刑法

2000年1月20日,席某用电线将公共电线杆上220伏电源接到鱼网铁圈上通电,在河里电鱼。电鱼过程中,一个10岁的小孩在旁边玩耍时,不慎用手触到电网,当场被电流击倒在地上,后经抢救无效死亡。经人提醒,席某当天到公安机关自首。

该案经公诉至法院,法院经审理认为,席某从公用电线杆上拉电接通捕鱼工具,在公共场所电鱼,以致发生儿童不慎触电死亡的严重后果,其行为已构成以危险方法危害公共安全罪。鉴于席某案发后能主动投案自首,遂依法判处席某有期徒刑2年,赔偿刑事附带民事原告人(即死者父母)人民币40000元。

由此可见,并非只有故意犯罪的行为会触犯刑律,有时过失的行为危害了社会或他人的利益也可能构成犯罪。席某在拉电线捕鱼时由于过失没有预见损害结果的发生,没有意识到这是危害公共安全的犯罪行为,从而不经意间触犯了刑法。

该案警示人们,在生产经营过程中一定要遵纪守法,注意安全。不侵害社会或他人合法权益亦是对自己合法权益的保护。

54. 未办照的车辆出险也应赔偿

农民幸某于1999年7月3日购买一辆昌河面包车。第二天,在没有办理车辆牌号及行驶证的情况下,与保险公司签订机动车辆保险单,约定保险期为一年。保险单签订后,幸某依约交纳了保险费。一个月后,该车运行中撞到路边一幢大楼,致一乘客死亡,车辆亦损坏严重。幸某向交警和保险公司报了案。后来幸某向保险公司索赔时,保险公司以该车保险时没有牌号和行驶证为由拒赔。双方为此争执不下。

那么,保险公司到底应否理赔呢?

保险公司拒赔的理由是依据《机动车辆保险条款》第29条"保险车辆必须有交通管理部门核发的行驶证和号牌,并经检验合格,否则本保险单无效"的规定,认为该昌河车不具备上路运行的合法资格,该保险合同无效。

然而,保险合同中以上条款是格式合同,是未经双方自愿协商而是单方附加的。保险公司在明知所投保的车辆没有领取交通管理部门核发的车辆行驶证及号牌的情况下与对方签订了保险合同,收取保险费且在合同上写明了保险期限,应视为对该条款第29条的变更。另外,根据《保险法》的有关规定,保险人对格式合同中免除保险人责任的条款应向投保人明确说明,否则该条款不产生效力。因此,根据诚实信用原则,该保险合同有效,投保人并无过错,保险公司应承担赔偿责任。

55. 雇请司机驾车造成损失谁来赔?

龙术于1999年购买一辆江阳牌汽车,因自己没有驾驶证,便雇请司机杨才为他开车。8月9日,杨才受龙术的指派,装货到湖南某地,途中将一同向骑自行车前行的妇女余宝撞成重伤,花去医药费10000余元。经交警大队认定,司机杨才负事故的主要责任,余宝负事故的次要责任。经交警主持调解没有结果。

余宝想向法院起诉,却不知在车主龙术和司机杨才当中,应该由谁承担赔偿责任,谁应是本案被告。

本案中车主龙术与司机杨才是雇佣关系,龙术是雇主,杨才是雇工。根据最高人民法院《关于适用〈中华人民共和国民事诉讼法〉若干问题的意见》第45条规定:"个体工商户、农村承包经营户、合伙组织雇佣的人员进行雇佣合同规定的生产经营活动中造成他人损害的,其雇主是当事人。"杨才在从事雇佣工作时发生交通事故造成损害,不管车主是否有过错都应承担经济赔偿和补偿责任。因此,龙术应为本案被告。另外,杨才作为事故的主要责任者,是侵权行为人,应该承担相应的赔偿义务。因此,本案中,龙术和杨才都应承担责任,应列为共同被告参加诉讼。

需要说明的是,如果杨才未经车主龙术同意擅自驾车,则车主龙术不应当承担赔偿责任,而应由杨才一人承担。

56. 买卖汽车不过户,肇事责任都要负

1998年,个体司机胡言将自己所有的东风牌加长货车卖给另一个体司机胡发,双方签订了书面协议,但没有办理车辆过户手续。1999年7月,胡发酒

后驾车与刘军驾驶的二轮摩托车相撞,致刘军颅脑重伤,达Ⅸ级伤残,治疗花费4000余元。经当地交警大队认定胡发负该事故的全部责任。后经调解未果,刘军便准备向法院起诉。但是,肇事车的实际车主是胡发,法律形式上的车主却仍是胡言。那么,谁应该承担本案的赔偿责任呢?

根据《民法通则》第72条的规定和《机动车管理办法》第15条的规定,车辆买卖必须办理过户手续,如未办理过户登记而私自买卖,应视为买卖关系无效,车辆所有权并没有转移。因此胡言作为该车的所有权人应负连带赔偿责任。另外,虽然车辆买卖不符合法律规定而无效,但胡发实际占有、使用着该车,是该车运行的受益人,并且损害结果是因其酒后开车肇事这一侵权行为所致,他当然要对此事负责。

由此可见,该案主要赔偿责任应由胡发承担。胡言应负连带赔偿责任。

57. 无证承建房屋,出了事故谁负责?

1999年6月7日,刘文和本村的泥工刘标(未得到村镇建筑工程资格证书)口头约定,由刘标为刘文承建一幢二层钢筋混凝土结构住房,包工不包料,按建筑面积每平方米30元标准计付承包费。刘标雇请了刘四等人做泥工,每天支付每人工钱15元。该工程在施工中一直未设置安全防护措施。

1999年7月4日,刘四在施工时不小心从二楼摔下来,造成左脚骨折,脾脏受损切除,花去医药费10000余元。出院后,刘四认为是受刘标雇请做工而受伤,应该由刘标负责赔偿损失;而刘标认为,刘四因不小心才摔下楼受伤,责任在他自身,再者又是为刘文做房子,要找也应找刘文。

那么,本案责任到底应该由谁承担呢?

根据建设部于1996年10月1日颁布实施的《村镇建筑工匠从业资格管理办法》的规定,从事村镇建筑工程的个人必须依法取得村镇建筑工程资格证书后才能从业。刘标无证从事房屋建筑,在施工中又未采取安全防护措施,对刘四损害结果的发生应负主要责任;刘文明知刘标没有取得资格证书而雇请其建房,也应负一定责任;刘四应预见在施工中无安全防护设施可能发生损害结果而抱无所谓的态度,自身也有过错,应承担一定责任。

当前,农村中未取得从业资格证书的工匠承建房屋引发事故的现象时有发生,希望引起广大农民朋友及有关部门的重视。

58. 建筑施工中砸伤行人要承担什么责任?

某乡建筑公司在承建该乡第一中学宿舍期间,工地外没有建围墙和防护网,也没有设置禁行标志。农民肖龙路过该工地一侧时,被顶楼上落下的一块建筑用钢模板砸伤头部,造成重型颅脑损伤,花去医疗费40000余元。

肖龙及家人认为自己无缘无故遭此横祸,实在太冤,应该要求建筑公司赔偿损失。但又听人说没有理由找人赔,只怪自己倒了霉,一时不知如何是好。

肖龙的表弟武伟在省城工作,听到表兄被砸伤,便来看望肖龙。当谈话中得知肖龙及家人自认倒霉,无所适从时,武伟便告诉他们,根据法律规定,施工方对此应该承担赔偿责任。

后来,武伟带他们到律师事务所咨询。律师况胜了解情况后,对他们进行了详细的解释。

《中华人民共和国建筑法》第39条第1款规定:"建筑施工企业应当在施工现场采取维护安全、防范危险、预防火灾等措施,有条件的,应当对施工现场实行封闭管理。"《民法通则》第126条还规定:"建筑物或者其他设施以及建筑物上的搁置物、悬挂物发生倒塌、脱落、坠落造成他人伤害的,它的所有人或者管理人应当承担民事责任,但能够证明自己没有过错的除外。"本案中,肖龙没有过错是显然的,建筑公司没有依法采取防护措施,致使施工模具从高空坠落砸伤肖龙,应承担全部责任。如果建筑公司不同意赔偿,肖龙可以向法院起诉。

听了律师的解释,肖龙等人心里豁然开朗,觉得依照法律定能讨回公道。

59. 无偿帮忙受损伤,受益人应当补偿

1999年7月,谌某在村里建一幢两层楼房,请了许多好朋友帮工。宋某是他最要好的朋友,也欣然帮忙挑砖。这天,已做到第二层了,大伙干得特别起劲。宋某挑砖上架时用力过大,一不小心脚下一滑,将腰部扭伤。经法医鉴定,宋某的损伤属外伤作用下突发,损伤结果为腰椎间盘突出症。宋某因此花去医疗费等

共计8000余元。

谌某起初过意不去,拿了200元给宋某去住院。但后来见花费太高,而自己做新房已花了不少钱,便以自己没有过错为由表示不再承担任何费用。

宋某则认为是替谌某做事时受伤,应由谌某补偿医疗费。双方为此争执不下。那么,谌某应该承担这笔医疗费用吗?

宋某因挑砖上架时用力过大将腰扭伤,宋某和谌某对此均无过错。但我国《民法通则》第132条规定:"当事人对造成损害都没有过错的,可以根据实际情况,由当事人分担民事责任。"最高人民法院《关于贯彻执行〈中华人民共和国民法通则〉若干问题的意见(试行)》第157条规定:"当事人对造成损害均无过错,但一方是在为对方的利益或者共同的利益进行活动过程中受到损害的,可以责令对方或者受益人给予一定的补偿。"

由此可见,谌某作为受益人应对宋某身体受到损伤而支出的医疗费及受伤造成的误工损失给予适当补偿,同时宋某自己也应承担一部分。

60. 施工被高压电击伤,责任由谁承担?

杜某经土管部门和乡政府批准,拟建一幢三层楼房。泥工牟某被房主雇请建房。1999年12月3日,牟某在建房时,被位于房屋附近2.5米高的高压电击伤致残,花去医疗费用1500余元。

牟某便向电力管理部门和杜某要求赔偿,但电力部门和杜某互相推诿。杜某认为高压线对周围环境有高度危险,造成他人损害应赔偿。而电力部门则认为杜某违法施工是故意行为,责任不应由电力部门承担。

那么,到底谁应承担本案的赔偿责任呢?

根据《电力设施保护条例》的规定,任何单位和个人都有保护电力设施的义务,在架空电力线路保护区内,不得兴建建筑物、构筑物。架空电力线路保护区至少为5米。因此,在该保护区内建房,属于违法行为,由此而造成损失的,建筑方应当承担一定的责任。

我国《民法通则》第123条规定:"从事高空、高压、易燃、易爆、剧毒、放射性、高速运输工具等对周围环境有高度危险的作业造成他人损害的,应当承担民事责任;如果能证明损害是由受害人故意造成的,不承担民事责任。"高压电属于高度危险作业,适用该条规定。在架空电力线路保护区内违法施工是故意行为,不应由电力管理部门承担赔偿责任。

由此可见,牟某的损害是因杜某违法施工所致,应由雇主杜某承担主要赔偿责任。